ANTONIO GARCÍA BARBEITO

Coplas apenas

ALMUZARA

Editorial Almuzara • Colección Andalucía
Editora: Rosa García Perea
Maquetación: Miguel Andréu

www.editorialalmuzara.com
pedidos@almuzaralibros.com - info@almuzaralibros.com

Editorial Almuzara
Parque Logístico de Córdoba. Ctra. Palma del Río, km 4
C/8, Nave L2, n° 3. 14005 - Córdoba

Imprime: Liberdigital
ISBN: 978-84-10526-46-4
Depósito: CO-244-2025
Hecho e impreso en España - *Made and printed in Spain*

Canción mía, ¿qué te doy,
si alma y vida son ajenas?

Luis Cernuda

COPLAS APENAS, VEINTE AÑOS DESPUÉS

Tres versos octosílabos y una rima asonante abrazada. Hace falta ser muy buen poeta para encerrar en esa breve jaula un pensamiento trascendente, una sentencia rotunda, un machetazo certero que deje el alma palpitando al borde de la herida. El peligro es evidente porque la frontera entre lo sublime y lo ridículo es mucho más difusa. También la virtud lírica: no conozco otra estrofa con mayor intensidad y desgarro. Una buena soleá es una bomba arrasando la entraña más profunda del ser. Llega, explota, destroza y se disipa en un humo que te ciega y deja llorando. Literalmente.

Entre los primeros autores que supieron domarla se encuentra Augusto Ferrán.

Era un madrileño excesivo que bebió del mismo manantial que Bécquer, ese muchacho apocado que inventó la poesía contemporánea. El título de su libro más famoso no disimula sus intenciones: *La soledad*. Y dentro de él, esta barbaridad.

Como la quería tanto,
se dejó el hierro en la herida
para morir más despacio.

Después de él, un secarral. Supongo que porque el sincretismo nada tiene que ver con los oropeles del Modernismo. Y también, quizás, porque ninguno de los eximios poetas que se sucedieron después —incluyo temerariamente a Lorca y Alberti— tuvo la santa paciencia de profundizar en las verdaderas raíces del Pueblo, ese que se escribe con mayúsculas para subrayar la autoría anónima de coplas tan definitivas como la siguiente.

La noche del aguacero...
dime dónde te metiste
que no te mojaste el pelo.

Y es ese Pueblo grupal y anónimo el que sustenta igualmente el alma de alguna de las soleares de Manuel Machado, ese descomunal poeta olvidado a la sombra del gran Antonio que, en su *exilio* madrileño de posguerra, quizás rememoraba un Paraíso sevillano de *Demófilos* y cielos azules al apuntar:

> Tu calle ya no es tu calle,
> que es una calle cualquiera
> camino de cualquier parte.

No obstante, tras el mayor de los Machado, el rastro de las buenas soleares serpea dificultosamente, rescatando su memoria un exiguo ramillete de escogidos nostálgicos —Duque, Murciano, Vélez de Guevara— que, tocados por la varita mágica de la alta Poesía resisten en pie a cuentagotas el asedio de la prosaica modernidad. También Manuel Alcántara, otro andaluz, malagueño.

> Cuando termine la muerte,
> si dicen: ¡A levantarse!,
> a mí que no me despierten.

Aparte de todos ellos y a mil años luz de distancia, Rafael Montesinos. ¿Qué decir de él, además de que la Historia de la Literatura española aún mantiene una deuda pendiente con su obra? Poeta fino y cercano, dotado de una sensibilidad impresionante y una inteligencia lírica fuera de lo común, sus libros pueden presumir de apresar entre las páginas una gran parte de las mejores soleares que nadie haya imaginado nunca.

Lo de Dios, ni dios lo entiende,
que al par que nos da la vida
le pone fecha a la muerte.

A su muerte en 2005, uno de sus herederos naturales —un tal Antonio García Barbeito— se dolió luctuosamente en verso. Y así recuerdo su canto inéditamente recitado –esa impresionante voz– al teléfono durante una de nuestras nada infrecuentes llamadas:

Desde que tu voz no está,
camina con pie quebrado
la soleá.

Ahora, andando el tiempo, otra nueva llamada: «Rafael, van a reeditarme *Coplas apenas* y he pensado que nadie mejor que tú para hacer su prólogo...». El viejo tango se atraganta en el altavoz recordando que *veinte años no son nada* —¡no, qué va!— mientras saco del estudio el querido ejemplar de 2004. Un desgastado libreto conservado con la entrañable devoción que se le presta a las obras únicas y queridas. Desde su autógrafa dedicatoria («A Rafael Roblas, reencontrado junto al mar de Almería. Con el abrazo que siempre nos una a Sevilla») hasta el punto y final de su colofón: «Este libro se acabó de imprimir el día 21 de septiembre de 2004, mientras el sol se detenía entre dos estaciones». Dos estaciones. Dos décadas. Veinte años no son nada.

Abro las páginas y releo. Entonces, las ilusiones de una incontrolable juventud que ardía en el destierro. Ahora, las ansias calmadas de quien conoce que el Tiempo atempera los pulsos y nunca hace prisioneros. Y, entre uno y otro yo, ese aliento inconfundible de la Poesía pura y salvaje. Siempre entre soledades. Siempre por soleares rumiando penares ajenos y propios —¿*Coplas apenas?*— entre el olvido y la memoria.

> ¿Cómo quieres que consuele
> este dolor que me mata,
> si no sé dónde me duele?

Sigo con la relectura y pienso que para trazar tu prólogo, querido Antonio, me basta con recomponer tu biografía –mi propia biografía también–, fijándola al quicio de lo universal, elevándola a la categoría de lo absoluto. Eternizándola —tú lo sabes tan bien como yo— a través del Pueblo. Ese Pueblo —de nuevo con mayúsculas— que llega a ti a través de las lecturas de los Ferrán, de los Machado, de los Montesinos. Y *como un río es un río en todas partes*, el agua de tu poesía desembocará en otros mares un día cualquiera, dejando tu caudal en tan buen recaudo que nadie reconocerá tu apellido en el oleaje de lo cantado. Que *hasta que el Pueblo las canta, las coplas, coplas no son…*

Olvida que te he querido,
tú, que puedes olvidarlo.
Yo ya no estoy para olvidos.

Sin embargo, aún no ha llegado el instante del olvido. Que ahora es el momento de brindar. De alzar la copa y celebrar los cantares del niño de Modesta. De aquel chaval soñador que espera a que, por otoño, caiga una lluvia de palabras nuevas sobre el verde tapiz de una tierra de olivos. De aquel imaginativo zagal que se aprende de memoria cada una de las páginas de aquel diccionario paterno, cristalino riachuelo de aguas cantarinas que servirá para saciar la sed del futuro prosista. De aquel curioso muchacho que desde bien temprano cuenta y cuenta historias sin parar, construyendo un mundo mejor alrededor de un Aznalcázar atemporal que hoy solo perdura dentro de su corazón, ahora maduro y tierno a fuerzas de desengaños.

Si tuviera fuerza el río
para arrastrar desengaños,
iba y echaba los míos.

Y es también la hora de celebrar la llegada al lector de nuevos versos, como escogidos frutos de una nueva cosecha que esperan en la almazara la transubstanciación de la materia en verde aceite rejuvenecedor. Y, como si el reloj careciera de manecillas, vuelvo hacia atrás en mi propia vida y renuevo mis sentidos en la pila bautismal de tu obra, recitando los versos más carnales y concupiscentes de nuestra desatada plenitud de entonces.

Echado junto a tu cuerpo
yo me quisiera quedar…
Y que nos dieran por muertos.

Y luego me deleito, como de costumbre, con la primorosa imaginería de tus metáforas —¡cuánta envidia, amigo, de la mala!—, capaces todas ellas de describir sugiriendo —¿o de sugerir describiendo?— el bello paisaje que Dios despliega ante el breve espacio de tus ojos durante un crepúsculo cualquiera, demostrándole a los noveleros que sus *haikus* no son más que malos remedos facilones de la copla tradicional más profunda y asonante.

BLUSA del atardecer,
la va cerrando, despacio,
la cremallera del tren…

O camino, sostenido por tu mano
compañera, invocando historias lejanas,
romances que ya no duelen, olvidos que
ya no importan, pero que permanecen en
la memoria del hombre, enquistados en el
hondón del alma, sin provocar resquemor
aunque eternamente presentes.

TREINTA años ya de ausencia.
Si vuelvo a verla algún día,
no habré dejado de verla.

Treinta años de ausencia —que tampoco
son nada— cimentando sobre el tópico
ladrillo del chotis el doloroso panteón de
un recuerdo con nombres familiarmente
reconocibles que designan costumbres,
gestos, mujeres, ciudades. Olvidos.

MADRID, Madrid… Ay, Madrid.
Madrid para mí es un nombre
que no se pronuncia así.

Nombres que van y que vienen, variando de significado y pronunciación, del mismo modo que va y viene con su monotonía de noria dislocada este preámbulo, dilatándose sin remedio aún a riesgo de poner a prueba la inagotable paciencia del sufrido lector. Porque podría seguir y seguir, devanando una y otra vez el hilo vital de tu verso —común e individual, al mismo tiempo—, reliando vivencias y nostalgias, amores y desengaños, verdades y dudas.

CALLE de la Indecisión
es por la que yo camino
del brazo de un sí y de un no.

Pero ya es tarde y resuenan en el horizonte los clarines del miedo. Y como no quiero que terminen por devolver esta vaquilla a los corrales, ha llegado la hora de que este alguacilillo de guardia regrese a tu mano la llave de la Puerta Grande, para que definitivamente se hagan cuerpo estas *Coplas apenas* que, veinte años después y en atinada reedición, conforman un compendio imprescindible para conocer en profundidad tu Poética. Por eso, guardando de nuevo el viejo volumen que me dedicaste junto al Mediterráneo, te pido que ahora tomes definitivamente la palabra con la satisfacción del deber cumplido. El deber poético de haber sabido condensar la vida de todos los hombres en el breve espacio de los tres versos de una soleá.

(Mientras tanto, en la Sevilla más irreparable del cielo, mi tocayo Rafael sonríe, con una pipa en la mano, sintiéndose orgulloso de tan digno sucesor).

Sevilla, en el primer día del año 2025.

Rafael Roblas Caride

CÁRCELES DE
ESPACIO Y TIEMPO
(Prólogo a la primera edición)

Hace ya unos meses la Fundación Machado decidió colaborar con la Bienal de Flamenco en la edición de estas coplas de Antonio García Barbeito, renovando una práctica que fue casi costumbre en las primeras ediciones del evento. Este prólogo, por tanto, como manda la tradición, debería haber salido de la alta pluma del Presidente puesto que entre sus funciones está la de representar a la institución en sus obras.

Pero el hombre propone y el verano dispone. El verano y la necesidad de sacar a la luz este libro en los días previos a los señalados por el cante, el toque y el baile han dispuesto que yo —sin representar a la Fundación coeditora y solo haciéndola presente en cuanto socio— haya de abordar los renglones de estas páginas introductorias a *Coplas apenas.*

Atreviéndome a jugar con la memoria —que es traicionera— recuerdo que la Fundación Machado donó en una de las primeras bienales el trofeo para premiar a los jóvenes (creo que lo ganó Lalo Tejada), editó en 1988 dos antologías: una de «»La Tierra de María Santísima» de Benito Mas y Prat, y otra del «Viaje por España» del Barón de Davillier que titulamos «Danzas españolas». Las acompañaba una carpeta de reproducciones de grabados de Doré que tuvo mucho éxito; los he visto —debidamente enmarcados— hasta en casas de Andalucía en el extranjero.

En 1990 participó en la coedición de varios volúmenes sobre la guitarra *Luis Maravilla «por derecho»*, de Miguel Espín y José Manuel Gamboa, *Bodas de hierro con la sangre*, de Manuel Urbano, *Julián Arcas*, de Eusebio Rioja y creo que otro libro sobre el Niño Ricardo que no he encontrado.

Aparte de todo eso hubo al principio una intención y una comunicación fluida entre la Bienal y la Fundación en los Premios

Demófilo de Flamenco, instituidos para premiar una actuación del evento.

Ahora renovamos aquella tradición y la constatación de que es así ya está hecha.

Pero ahora, con la conciencia del deber cumplido y escorándome del ángulo institucional que incidentalmente me había traído hasta aquí, quedo libre para presentar la obra de un amigo que en su biografía se define como *periodista* (de oficio).

Peregrina definición ya que el oficio es una categoría a la cual Aristóteles concedió tan solo el papel de traje de esencia, de vestido que uno ha de ponerse día a día para abordar una vida, ineludiblemente transida de Razón Práctica.

Y ya que Kant ha venido sin que nadie lo llamara al teclado del ordenador, aceptemos su presencia, cambiemos de filósofo y sigamos el cauce peripatético del discurso con él. Antonio García Barbeito, que es periodista únicamente por oficio como él se define, ha de ser definido por otras cosas: por ejemplo, por expresar de modo extraordinario, y sin que en ello haya nada de voluntariedad, el concepto sincategoremático kantiano, o sea, por encarnar de forma natural —mejor, a priori— la noción sintética de Espacio y Tiempo.

Ahí está como prueba su poesía, percurso y reloj unívoco, con campos de minutos y horas de Aljarafe en asonante y su misión cotidiana en Aznalcázar: ser rara enzima telúrica entre el pasado y el porvenir, concitador de conspiraciones nocturnas para salvar de naufragios columnas, ménsulas y dinteles. Así, como suena.

Eso sin contar lo del metro en el oído, que le vendrá, con certeza, de Itimad por parte de la madre Andalucía. Todo el mundo sabe que Itimad, lavandera en el Guadalquivir seguramente en las cercanías del cerro de Alfarache, le cerró a Almutamid una estrofa que el rey poeta no conseguía terminar.

Lo mismo sucedió una tarde, también por aquellos parajes y en medio del Congreso de Flamenco de 1996, nada menos que con Rafael Montesinos. Había presentado éste un libro, «Soleares», editado como entonces parecía natural por la Fundación El Monte y el Parque del Alamillo, pero aquello era agua pasada y Rafael hablaba de estar en medio de la plasmación de otro que tendría la siguiriya por bandera.

Por ejemplo, dijo, hoy he escrito ésta:

Por la calle Rioja
ya no pasa el Valle...

Rafael se quedó en blanco, con el verso perdido, y Antonio, tras un paréntesis de dos o tres segundos, «le recordó» lo que seguía o podía seguir:

...pero eso no tiene importancia,
va por otra calle.

Un metro en el oído. Y clásico. Es el mismo que tendrían aquellos pies y metáforas espigaba Rodríguez Marín y que decían las mismas cosas de la misma manera que los de Antonio: *Quise hacer una cárcel para tus ojos y, una vez prisionera, echar cerrojos. Quien lo dijera, que al final fuiste, niña, mi carcelera.* Bien podría estar también entre los recogidos por *Don Preciso* ¿no?

Por eso hay quien dice —y entre ellos Antonio, y un poco más arriba lo he dicho yo mismo— que las dimensiones del octosílabo, del pentasílabo y heptasílabo combinados y hasta las del verso endecasílabo las almacenan muchos andaluces en los anaqueles del *almario* del sentimiento desde los tiempos de las jarchas y quizás sea verdad, porque es como decir que, dado que todos almacenamos en la mente las notas musicales de una escala, todos potencialmente somos Mozart. Claro.

Mas la visión de algo que puede producir —y produce— distintas intelecciones e interpretaciones. Lo dijo muy razonadamente don Julio Caro Baroja en un artículo que tituló *Arte Visoria* a propósito de la contemplación de un bosque -bien podría ser un pinar como los de Aznalcázar- por Leonardo Da Vinci y por un carbonero. Este veía carbón (de oficio) y aquel era capaz de ver (sincategoremáticamente) toda clase de artilugios y hasta máquinas voladoras. Se trataba de explicar lo que normalmente llamamos puntos de vista.

Antonio García Barbeito tiene también su punto de vista pero es el mismo, a la vez, que el Da Vinci y el del carbonero; para alcanzar ese estado —muy parecido al de los místicos— es necesario haberse cultivado laboriosamente durante decenios tanto escolástica como vital y reflexivamente, con libros y con el estar entre el paisaje y los cacharros (que decía Santa Teresa que allí era dónde estaba Dios, y digo yo que a lo mejor también están las Musas y las Teorías). El olivo y su aceite —*olivo, corazón Verde, ábrete todas las venas y desángrate de aceite*— pueden ser fábrica poética, reloj y aula del verso para desde ahí abrirse con mirada horizontal lo mismo a los íntimo —*al manaque del querer: hay hojas de viejos días que no acaban de caer*— que al exterior: *se entretenía febrero en ir vistiendo de flores las varas de los almendros.* O sea, tal vez de la misma manera que Dios contempla sincategoremáticamente los otoños de los hombres y los campos.

En un instante allá arriba, en apenas un libro aquí abajo.

La diferencia está en el pinchazo, en que la lírica de Antonio es un canto apenas, con la pluma acariciando dolorosa, intensa, hondosentimental, flamencamente los jirones de sitios y momentos porque ya no hay otra salida. Porque el Tiempo y el Espacio son, al unísono, capachos —no trajes— de la existencia.

Pero no de la existencia que discurre por los caminos de la Razón Práctica sino los de la otra, esa de la que mana el aceite en el que un día nos vimos reflejados mientras descubríamos que no podíamos ser Dios. Ésa cuya consecución seguimos arañando porque pensamos que, quizás, lo que pasó fue que no nos atrevimos a serlo.

Se ha despedido Enmanuel Kant educadamente; se marchó con su paraguas bajo el brazo a pasear por los viejos adoquines de las calles de Heidelberg.

Tras las cortinas de los versos de Antonio García Barbeito permanecen las gentes que, lo dijo el maestro Cansinos, se saben descendientes de razas molidas en el matraz de la Historia. Están ahí por tanto Homero, Dante, San Juan de la Cruz, Soto de Rojas, Milton, Verdi, Kavafis, Enrique *el Mellizo…*

Y de verdad, de verdad, el Paraíso, que es lo que el filósofo y el poeta saben que han perdido irremisiblemente aunque lo busquen, sin un mínimo atisbo de esperanza, en el rincón, un rincón apenas, de cada madrugada.

Antonio Zoido
Fundación Machado

CALLE de la Indecisión,
es por la que yo camino
del brazo de un sí y de un no.

* * *

DESENGAÑOS, los precisos:
por si dejas de quererme,
ya estoy haciendo un olvido.

* * *

TANTO añoraba la mar,
que el agua dulce del pozo
la rociaba de sal.

MALA cabeza, la mía,
que cuando voy a olvidarte
no sé por qué se me olvida…

* * *

Los besos que no te di
te tienen que estar doliendo,
como me duelen a mí.

* * *

POR si me engañaba un día,
le di sólo la mitad
del amor que me pedía.

COMO ya no puedo verla,
salgo a la calle buscando
una que se le parezca.

* * *

QUÉ poco importa que pasen
las horas en el reloj,
cuando no se espera a nadie.

* * *

CUANDO pienso en ser distinto
y miro cómo son otros,
me reafirmo en mí mismo.

EL recuerdo es una sed
que sólo la quita el agua
que nunca se va a beber.

* * *

ME queda de aquella historia,
cada vez que la recuerdo,
como un luto en la memoria.

* * *

CONSUELO del infeliz:
«Yo sé que habrá más de un día
que se acordará de mí».

Olivares de diciembre.
El viento, cuando pasaba,
se perfumaba de aceite.

* * *

Estoy ya como el molino
—piedra sobre tu recuerdo—
que muele siempre lo mismo.

* * *

Aunque no vengas conmigo,
yo sé que tus ojos ven
todas las cosas que miro.

ME puse a perder el tiempo
y cuanto más lo perdía,
más me iba apareciendo.

* * *

SI tuviera fuerza el río
para arrastrar desengaños,
iba y le echaba los míos.

* * *

DE los sueños que tenía
me he ido yo despertando
antes de lo que creía.

QUE cuesta mucho cerrar
puertas que siempre estuvieron
abiertas de par en par.

* * *

MIENTRAS no exista el olvido,
por más lejano que esté,
nada en verdad se ha perdido.

* * *

PARA andar aquel camino
sólo nos faltaba un paso.
Y ni ella ni yo lo dimos.

COMO la gente murmura,
le he puesto una risa falsa
al rostro de mi amargura.

* * *

SE entretenía febrero
en ir vistiendo de flores
las varas de los almendros.

* * *

MENTIRA sobre mentira:
digo que ya no te quiero
y digo que te lo digan.

¿CÓMO quieres que consuele
este dolor que me mata,
si no sé dónde me duele?

* * *

CONDÉNAME tú al destierro
en las arenas calientes
de la región de tu cuerpo.

* * *

CUANDO me voy a curar
de este querer que te tengo,
recaigo en la enfermedad.

CANDELAS he visto yo
que las apagaba el mismo
viento que las encendió.

* * *

Yo no sé por qué me quejo,
si a mí lo que me da vida
es esta pena que tengo.

* * *

LAS tierras que no se siembran,
con el paso de los años
se llenan de malas yerbas.

LE pasa a nuestro querer
lo que les pasa a los vinos:
que gana con la vejez.

* * *

Tú y yo
seremos siempre uno y uno.
Nunca dos.

* * *

UN día nos acordaremos
de locuras que no hicimos.
Y nos arrepentiremos.

No tengo mayor castigo
que no encontrarte a mi vera
después de soñar contigo.

* * *

Si pones tierra por medio
de poco te va a servir:
tú estás donde yo te pienso.

* * *

Pasó tanto tiempo abierta
que cuando la fui a cerrar
no encajaba aquella puerta.

ALMANAQUE del querer:
hay hojas de viejos días
que no acaban de caer.

* * *

LA calle de mi querer
siempre termina en tu puerta
por más vueltas que yo dé.

* * *

AQUEL viento que pasaba,
por más que se le parezca,
no es el mismo que ahora pasa.

LAS costumbres del querer:
siempre se escapa tu nombre
cuando llamo a otra mujer.

* * *

CONSIGUIÓ sólo perderlo.
Atrasando los relojes,
quería atrasar el tiempo.

* * *

ENTRE las horas que vendo
y las horas que me roban,
me estoy quedando sin tiempo.

A mí ya los desengaños
me parecen familiares.
Será cosa de los años.

* * *

TAN solo me estoy quedando
que a veces hablo conmigo
y me parezco un extraño.

* * *

DESDE que te conocí,
todas las cosas que quiero
se me parecen a ti.

A ver si sabes de alguien
que saque un querer del cuerpo
sin que se entere la sangre.

* * *

CÚMPLEME lo que te pido:
si me dejas de querer,
que me entierren en tu olvido.

* * *

No hay en esta soledad
nada que llene el vacío
que dejas cuando te vas.

SIEMPRE me pasa lo mismo:
todo viene cuando llegas
y todo se va contigo.

* * *

CUANDO me miro en tus ojos,
siempre tengo la impresión
—siendo el mismo— que soy otro.

* * *

HARÉ una palabra nueva
y te encontrarás conmigo
aun perdiéndote por ella.

I

FÁMULO de tu recuerdo,
tienes que verme morir;
mañana lo dirá el tiempo.

II

RAREZAS del alma mía:
mírala, aun con tu olvido,
rezuma amor todavía.

III

MORIRÉ como estos versos:
letra a letra, sin notarse,
rotulan tu nombre dentro.

ECHADO junto a tu cuerpo
yo me quisiera quedar.
…Y que nos dieran por muertos.

* * *

¡CÓMO nos daba la vida
el mismo puñal, cien veces,
abriendo la misma herida!

* * *

SÁBANAS de amanecer,
mortaja de aquellos hijos
que no quisimos tener.

ENCONTRARÁS mi rastro
siguiendo mis lágrimas
charco a charco.

* * *

CON tu nombre por divisa,
el toro que sueño pasta
debajo de tu camisa.

* * *

No apagó pronto aquel beso
y cuando quiso apagarlo,
le ardía ya todo el cuerpo.

Tumba en fuego de tu sexo
en la que me entierras vivo
y me desentierras muerto.

* * *

Los rincones de tu cuerpo
de memoria me los sé...
Y siempre en uno me pierdo.

* * *

Paréntesis de mis manos,
meto dentro tu cintura
y sobran los comentarios.

RAÍCES sin arrancar,
tarde más o tarde menos,
acaban por retoñar.

* * *

A la calle del Orgullo
le van a quitar el nombre
y van a ponerle el suyo.

* * *

SÓLO una tarde y un beso
y cuánto amor todavía
golpeándome por dentro.

TENEMOS en medianía
un caminito de besos
entre tu boca y la mía.

* * *

¿POR qué vendrá la marea,
ahora, cuando ya no hay parva
que aventar sobre la era?

* * *

NADIE tendrá un buen motivo
para arrancarle a la tierra
el corazón de un olivo.

Tú a mí me vas a buscar
—una luz en cada mano—
y no me vas a encontrar.

* * *

Yo canto para olvidar
cositas que nunca llegan
y cositas que se van.

* * *

Fuente donde yo bebía.
Dicen que da agua salobre
que ni es caliente ni es fría.

Tú en una orilla y yo en otra,
soplándole a una barquilla
que tiene las velas rotas.

* * *

MOLIENDO tu nombre, soy
lenta piedra de molino
rodando por donde voy.

* * *

ME decían que este amor
el tiempo lo curaría...
y el tiempo lo empeoró.

DICE que aún le duele el peso:
en la orilla de los labios
se le quedaron los besos.

* * *

DARÍA lo que tengo
por volver a tener
uno de aquellos sueños.

* * *

ME quedaré sobre el puente
soñando aquella ilusión
de haber nacido corriente.

EL seco cauce del río
parece un camino roto
por donde todo se ha ido.

* * *

LAS palmeras son tan altas
porque crecieron soñando
que podían ser Giraldas.

* * *

OLVIDA que te he querido,
tú, que puedes olvidarlo.
Yo ya no estoy para olvidos.

CUANDO no se quiere,
las palabras de amor no se dicen
porque no se tienen.

* * *

ME puse a buscar palabras
la tarde que me dejó.
Pero sólo encontré lágrimas.

* * *

TRISTEZA que no conozco,
para apartarte de mí,
¿con qué palabras te nombro?

ARRASTRO penas sin nombre,
penas que habrán sido mías,
mas no sé cuándo ni dónde.

* * *

SI esta pena es la mitad
de la pena que tenemos,
entera, ¿cómo será?

* * *

OLIVO, corazón verde,
ábrete todas las venas
y desángrate de aceite.

PASABA el aceite.
El sudor del hombre
se tornaba verde.

* * *

QUISE hacer una cárcel
para tus ojos,
y, una vez prisionera,
echar cerrojos.
Quién lo dijera:
al final fuiste, niña,
mi carcelera.

* * *

PARA mentiras,
boquita chica;
para verdades,
la boca grande.

SIEMPRE para quererme
llegabas tarde,
y qué temprano, niña,
para olvidarme.

* * *

ESTE querer que te tengo,
a ver cómo se remedia:
si pongo tierra por medio,
me enamoro de la tierra.

* * *

SERÁ que me sobran penas,
será que no sé contar,
que siempre que ajusto penas
me salen penas de más.

TAN hermosa y tan vencida
en medio del rastrojal,
algo tendrá aquella espiga
que se quedó por segar.

* * *

CALLE de la Indiferencia,
se quedó el amor dormido.
¡Qué imprudencia!,
despertó en la del Olvido.

* * *

ME puse a pedir consejos.
No paraban de decirme:
«Ve dándole tiempo al tiempo».
Y tanto tiempo le di
al tiempo, que con el tiempo
no hubo tiempo para mí.

GAÑÁN de tu barbechera,
nunca dejaste, mujer,
que la semilla cayera
donde soñaba caer…

* * *

LE pesará a la tierra
no haberse abierto
la nochecita aquella
del aguacero…

* * *

SUBÍ por tus piernas
en busca del cielo.
Me estaba esperando
a mitad del cuerpo.

Me lo dijo ella:
«O vivo contigo
o viviré a medias».
Le dije lo mismo.
(Yo no sé si ella,
pero a medias vivo).

* * *

Los lunares de tu espalda
—sideral escalofrío—,
constelación de lujuria
en el firmamento mío.

* * *

Esta noche, espérame
con los dos brazos abiertos,
y ciérralos para siempre
cuando me abrace a tu cuerpo.

A la misma iglesia vamos
a pedirle al Gran Poder,
tú, fuerzas *pa* que yo vuelva;
yo, fuerzas *pa* no volver.

* * *

POR un costado, Triana,
y por el otro, Sevilla.
A ver qué río del mundo
tiene mejores orillas.

* * *

QUE nadie diga de mí
que me estuve aprovechando,
que con dos brazos llegué
y me vuelvo con dos brazos.

Anda, niña, que eres
como febrero:
unos días de sol
y otros lloviendo.

* * *

Si a ti de buscarme
te da tentación,
date un golpe en el pecho y aguanta…
Como *jago* yo.

Ya no sé en qué iglesia entrar
a dejar mis esperanzas,
que no hay un santo en el mundo
que no me vuelva la espalda.

* * *

En el cariño, niña,
no quiero llamas;
prefiero los rescoldos,
que no se apagan.

CINCO NANAS
PARA DORMIR UNA PENA

TIENE su vientre liso
lleno de miedo;
el niño de la duda
le duele dentro.
Ea, la ea...
Dura nana de llanto
le tararea.

Dolorcillo de aviso
corrió sus carnes
y vio nacer su miedo
lleno de sangre.
Ea, la ea...
¡Qué pena que esta sangre
niño no sea!

AHORA mece sus brazos
llenos de frío.
No se le duerme nunca
tanto vacío.
Ea la ea...
Dura nana de culpa
sin que la vean.

Nueve lunas me siguen
a todos sitios.
Nueve lunas que tienen
cara de niño.
Lunas sin sangre.
Lunas que, al no ser tuyas,
no son de nadie.

NUEVE lunas que tienen
tu nombre dentro,
y tu voz y tu risa,
tu olor, tu cuerpo.
¡Qué aparcería,
si la mitad de ellas
fueran las mías!
Ea, la ea…
Mi pena no se duerme…
(…Ni lo desea).

ALJARAFE

Yo navego entre dos ríos,
que no hay mejor navegar:
Guadalquivir hacia el mar,
a un lado, padre de ríos,
y al otro —los sueños míos
que se pierden—, Guadiamar.

COPLAS DE LA BAMBA

La niña que está en la bamba
ve la gloria y no es mentira:
desde la bamba ve el patio
del niño por quien suspira.

* * *

Cógete bien el vestido,
si te subes a la bamba,
que yo sé de quien te mira
a ver si se te levanta.

* * *

No te subas a la bamba,
que la vamos a tener;
échate sobre mis brazos
cuando te quieras mecer.

LA niña vuela en la bamba
toda vestida de blanco,
y parece la paloma
del mismo Espíritu Santo.

* * *

Yo me tengo que acercar
a la Fuente el Berecillo,
a ver si el agua me da
el deje de un fandanguillo
que oí en Valverde cantar.

* * *

TROPECÉ en aquel sendero,
me caí de aquella rama,
y me quemé en aquel fuego,
y me ahogué en aquella agua...
¡Y mira que me dijeron!

AUNQUE le digo que no,
sigue empujando mi puerta.
y ya no sé lo que hacer,
si echarle tranca a la puerta
o abrírsela de una vez.

* * *

RECUERDO la *madrugá*
cuando viniste a buscarme.
Y recuerdo el golpear
de tu sangre y de mi sangre…
Y ya no recuerdo más.

* * *

TRES cosechas el pino
tiene en sus ramas;
yo, tres penas encima
mismo del alma.
Que no perdonan
nombre y dos apellidos
de tu persona.

CUANDO la luz entreabría
las puertas de la mañana
y empezaba a andar el día,
era, sobre la besana,
la flor de la gañanía.

* * *

ME estoy quedando tan solo
viviendo mi propia historia,
que ya no me van quedando
ni amigos en la memoria.

* * *

REDECILLA de versos
–¿te compromete?–
para prender la gracia
de tu rodete.
Y en tu pechera,
¡quién fuera ese racimo
de madroñeras!

En tu cara, morena,
sombra de abril,
¡quién fuera centinela
de tu perfil!
Luz entregada
que encendiera el secreto
de tu mirada.

* * *

Más de la cuenta, niña,
te estoy pensando;
y más de lo que quiero,
necesitando.
Pero el tormento
es que no quiero echarte
del pensamiento.

* * *

Apagué la luz del cuarto
y dejé que los sentidos
lo iluminaran al tacto…

...Y para que la vergüenza
no la llenara de miedo,
al par que la desnudaba
la fui vistiendo de besos.

* * *

DE aquella verdad que había
tiritándole en los ojos,
me gustaba la mentira.

* * *

REBUSCABA las palabras
para decirme «Te quiero».
Para decirme «Te olvido»
le bastó sólo el silencio.

TAL como vino, se fue.
Una noche y un olvido
rayano el amanecer.

* * *

SI me amó lo que decía,
nunca sería verdad
si dijera que me olvida.

* * *

Yo no sé por qué me creo
que ella se acuerda de mí
cada vez que la recuerdo.

DESDE que tú no la besas,
mi boca es una mitad
que nadie me la completa.

* * *

A veces sueño que vamos
soñando por aquel sueño
que tantas veces soñamos.

* * *

Dos renglones son bastante
para que el tren deje escrito
su gran libro de viaje.

RÉQUIEM DE SOLEARES
PARA UNOS MINEROS

MORIR dentro de una mina
es como morir dos veces;
la primera vez, en vida.

* * *

SIEMPRE es un morir bajar,
y cuando a la luz se vuelve,
es como resucitar.

* * *

Nacen buscando salida
y la única que encuentran
es la boca de una mina.

MINERO que llega arriba
ha encontrado el mineral
más valioso: su vida.

* * *

TANTO escarbar galerías
cuando no hay un mineral
que valga lo que una vida.

* * *

Minero, no te conoce
más que la penosa umbría
de esa subterránea noche.

* * *

BARRENO de tu mirar
que rompe la sombra dura
buscando la claridad.

En la mirada tenían
dos soles que se apagaban
hartos de buscar el día.

* * *

Cuando le llegó la muerte
no tuvo que preguntar:
la conocía de siempre.

* * *

Bajo la tierra vivían.
Los tendrían que enterrar
en la luz del mediodía.

(A Rafael Montesinos. In memoriam)

DESDE que tu voz no está,
camina con pie quebrado
la soleá.

I

Soy un reloj donde el tiempo
lo va marcando tu nombre
temblando en el segundero.

II

No dejo de darle cuerda
a ese reloj, que no quiero
que tu aguja se detenga.

PARA saber si aún la quieres,
date de cara con ella
un día que no lo esperes…

* * *

CUMPLE años, mi niña,
no te preocupes,
que donde yo te guardo
tú no los cumples.
Que yo te tengo
donde el amor no deja
que pase el tiempo.

* * *

ENTERRÓ el reloj, y luego
esperó junto a la tierra
que brotara un tiempo nuevo.

DEJA tú que pase el tiempo,
y verás lo negro blanco,
y verás lo blanco negro.

* * *

QUE tengan otras la duda:
tú sabes que entre mis versos
no hay copla que no sea tuya.

* * *

TREINTA años ya de ausencia.
Si vuelvo a verla algún día,
no habré dejado de verla.

Lo malo no es que estés lejos.
Lo malo es que a esta distancia
no le ponemos remedio.

* * *

Los girasoles, abiertos:
se derramó por la vega
la semilla del sol puesto.

* * *

BLUSA del atardecer,
la va cerrando, despacio,
la cremallera del tren…

CIEN hoces, por los trigales.
La espiga, sin preguntar,
moría entre interrogantes.

* * *

EN la torre de la iglesia,
la cigüeña se posaba
con un sueño de veleta.

* * *

LA adolescencia dolía
con una rara impaciencia,
prima hermana de la herida.

(Murallas. Ruinas)

FIRMES almenas al viento
que se fueron desdentando
de tanto morder el tiempo.

* * *

(Era)

A aquel llano cereal,
el trillo le recortaba
tonsura sacerdotal.

* * *

(Arroz amargo)

MI juventud se quedó
por los muslos de Silvana
en el arrozal del Po...

Tus piernas entre las mías,
mientras dormimos, están
amarrándome a tu vida.

* * *

Si la salida no busca,
qué mala salida tiene
un hombre entre dos preguntas.

* * *

Ya sabemos lo que pasa:
los que no saben volar
aprenden a cortar alas.

Ruin, rastrero, oscuro, falso...
Con esos cuatro escalones
se encaramó a lo más alto.

* * *

Les ocurre a más de uno,
que les quitan la corbata
y se creen que están desnudos.

* * *

Ese es el trato en el gremio:
hoy por ti, después por mí,
nos repartimos los premios.

HAY quien vive de poner
zancadillas a diario
y nunca se le ve el pie...

* * *

SI de frente sueltan baba,
desenfundan el cuchillo
en cuanto les das la espalda.

* * *

QUE vengan a mí a explicarme
por qué *pa* gente tan chica
hay unos cuerpos tan grandes.

Más de una vez los he visto:
presumen de directores
y al final son dirigidos.

* * *

No te llevan la contraria
y cuando te das la vuelta
el cuchillo te lo clavan.

* * *

Algunos se arrastran tanto,
que tienen sin estrenar
la suela de los zapatos.

TODO lo que prometí
que haría cuando te viera,
lo olvidé cuando te vi.

* * *

CÓMO le pongo tu nombre
a esta copla que quisiera
nombrarte sin que se note.

* * *

¿MANTENDRÁS lo que juraste?
Si me encuentro con tus ojos,
no tendré que preguntarte.

HABRÁ soñado conmigo
como yo sueño con ella…
Y habrá soñado lo mismo.

* * *

SERÁ que está mal escrita,
por lo que Dios, con la muerte,
nos va borrando la vida.

* * *

ESTOY perdido contigo:
ni salgo de tu recuerdo
ni quiero entrar en tu olvido.

¿ESTARÁS, como yo ahora,
repasando aquellos días
que ningún día los borra?

* * *

(Contradiciendo al poeta)

¿QUE «los suspiros son aire»,
si cada vez que suspiro
es ella la que me sale?

* * *

QUÉ dolor que se haya ido…
Pero más dolor sería
que nunca hubiera venido.

CUANDO ayer me llamaste,
me fui a tu vera;
hoy, que quieres distancia,
te doy cien leguas.
Cuenta conmigo,
lo mismo en los amores
que en el olvido.

* * *

MADRID, Madrid… Ay, Madrid.
Madrid para mí es un nombre
que no se pronuncia así.

* * *

¡OH, boca desdentada,
toma mi lengua y dime
del placer la palabra!

FORESTEMOS el nosotros;
a tu espesura de ramas
déjame ponerle el tronco.

* * *

MI llama en carne viva
encendía del todo
el calor de tu herida.

* * *

TÚ a mi lado y yo a tu lado,
es lo único que pido:
yo bebiéndome tus años
y tú bebiendo los míos.

OJALÁ sueñe conmigo
y me busque al despertar
llorando por su delirio…

* * *

No sé qué me hará más daño,
si decirte tantas cosas
o seguírmelas callando.

* * *

Lo que por pobre dejé,
se fue convirtiendo en oro
el día que lo comparé.

No era que el cielo estrenaba
una luz nueva aquel día,
era que tú me mirabas…

* * *

No era que el verdón cantaba
en la rama florecida,
era que tú me llamabas…

* * *

QUE ninguna copla venga
a traer versos de otro.
Ya es una copla la pena.

QUÉ amarga soledad esta:
pego voces en el aire
y ni el eco me contesta.

* * *

ME pongo a contar los días
como si acaso esperara
una fecha todavía…

* * *

SALIVAL oleaje,
dental acantilado…
¡Sepultadme este último
estertor de este náufrago…!

CUANDO estábamos solos,
todo sobraba.
Ahora no estás y todo,
sin ti, me falta.

* * *

Lo que fuiste y lo que eres,
qué poquito se parecen;
ay, si pudieran andarse
los caminitos dos veces…

* * *

QUE digan si no es verdad:
a mucho sabe lo poco
cuando no se tiene *ná*.

Esta pena que ya es mía
la vi nacer cuando entonces
la llamamos alegría.

* * *

No quiero que me cuides,
vete con otro;
pa mala compañía,
más vale solo.

* * *

Que la *jambre* no se acerque:
dame un cachito de pan
y mójamelo en aceite...

Yo, en la soledad del cuarto
contigo en el pensamiento;
donde el deseo, mi mano,
donde mi mano, tu sexo.

* * *

La tarde es marinera.
Aquí tienes el palo,
colócale la vela.
Naveguemos despacio...

* * *

Amazona del delirio...
Yo, potro quieto y tú encima,
loca, a galope tendido...

DEJA correr mis ríos
–blancos, agrios, calientes–
por cauces de su instinto.
Deja que desemboquen
donde aguardan los hijos.

* * *

CALLE arriba de tus piernas,
calle arriba.
No dejes que yo me escape
por la única salida.

* * *

CON la espada malogré
las dos orejas y el rabo
del toro de ese querer.

ENTERRARÉ la montera:
era un toro de cortijo
y dejé que se me fuera.

* * *

LE pasaba lo que a todos:
cuando sonaba el clarín,
su traje era miedo y oro.

* * *

LA historia de aquel torero
estaba, sin escribir,
en la luna del ropero.

ESCUELA de la Ternura,
a mí me quedó pendiente
una vieja asignatura…
Tenía los ojos verdes.

* * *

DIME por qué galería
se va a la mina de oro
de que me hablaste aquel día…

* * *

(Campanas)

CADA vez que esas campanas
doblan por algún amigo,
me están doblando en el alma.

No sé qué tiene ese bronce
que parece que al sonar
fuera diciendo sus nombres.

* * *

TIENEN un toque distinto
las campanas, cuando suenan
por la muerte de un amigo.

* * *

AY, lo que cuesta admitir
que algún día esas campanas
habrán de doblar por mí.